最创意

博报堂新人培训课

HAKUHODO

[日] 高桥宣行 著

魏薇 译

人民东方出版传媒
People's Oriental Publishing & Media
东方出版社
The Oriental Press

目　录

前言　　　　　　　　　　　　　　　　　　　　　01

PART I　态度 Stance

1　说到底，创意即人品　　　　　　　　002

2　别脱离本质　　　　　　　　　　　　006

3　模仿他人就是否定自己　　　　　　　010

4　花在"苦恼"上的功夫太少了　　　　014

5　只靠"喜欢"无法混饭吃　　　　　　018

6　努力也是一种本事　　　　　　　　　022

7　共情是一种想象力　　　　　　　　　026

8　有发现才有改变　　　　　　　　　　030

9　打破壁垒　　　　　　　　　　　　　034

10　倾听生活者的意见，但不要被其左右　　038

11　对自我的投资不足　　042

12　这样做，能满足客户的需求吗？　　046

13　想做什么？想怎么做？　　050

14　不会整理的人，便不会思考　　054

15　唯有一流，才能用好一流　　058

16　用脑，还是用手？　　062

17　站在"人"的角度思考　　066

18　这是一个用"个人招牌"说话的时代　　070

19　商业是智慧的竞争　　074

20　工作就是想办法让进展不顺的事情变顺利　　078

PART Ⅱ　创造　Creation

21　书写即思考　　　　　　　　　　　　　　　084

22　你的创意只是收集信息吗?　　　　　　　　088

23　不破不立　　　　　　　　　　　　　　　　092

24　有什么新发现吗?　　　　　　　　　　　　096

25　目标 100 则，只要写得出来就一定有办法　　100

26　一旦自我满足，就会止步不前　　　　　　　104

27　指出问题，智慧应运而生　　　　　　　　　108

28　用脑子想得太多　　　　　　　　　　　　　112

29　用脚思考，用脚书写　　　　　　　　　　　116

30　卖的不是商品，而是意义　　　　　　　　　120

31　五感要生锈了　　　　　　　　　　　　124

32　该如何取舍　　　　　　　　　　　　　128

33　改变竞争的舞台　　　　　　　　　　　132

34　正确答案不止一个　　　　　　　　　　136

35　消费者是后视镜，什么都不会告诉我们　140

36　所有策划皆可看到终点　　　　　　　　144

37　好是好，但不喜欢　　　　　　　　　　148

38　越是平凡的事，嗅觉越要敏锐　　　　　152

39　工作中的创意，绝非偶然所得　　　　　156

40　不是局部，要从整体进行思考　　　　　160

PART Ⅲ　实践 Action

41　别再多想，如何"具体呈现"才是胜负关键　166

42　最后一公里，细节拉开差距　170

43　绝不能愣住!　174

44　不是没有好创意，只是表达不出来　178

45　不是说服，而是让人信服　182

46　你能在电话里阐述提案吗?　186

47　不要局限于用"爱"表现爱　190

48　学会用自己的语言表达　194

49　不要用"大家都这么做"当挡箭牌　198

50　仅凭 100 分引发不了什么　202

51　这个太媚俗了吧!　　　　　　　　　206

52　1% 也是大众　　　　　　　　　　　210

53　这是竭尽全力后的结果吗?　　　　　214

54　要从上游开始思考!　　　　　　　　218

55　引人注目也是有规矩的　　　　　　　222

56　无法看出你想传达的信息　　　　　　226

57　人心一失，不会再来　　　　　　　　230

58　专家就是无可替代　　　　　　　　　234

59　成为最先被选中的人　　　　　　　　238

60　这样做能够超乎对方的期待吗?　　　242

前　言

如何永葆创新能力

　　商业社会中没有相同的课题，人、物、市场皆处在剧烈变化之中，不可能一成不变。因此，我们在解决课题时，不仅要抓住变化的瞬间，更要具备预测未来变化趋势的智慧。当然，在这一过程中我们没有书本、公式和说明书可以应用，所以我们需要具备不断求新、求变的能力。

　　那么身处这一背景之下，我们该如何应对各种变化？怎样提高创造力？非常遗憾，我也没有答案。但是，我有一个很重要的提示，这也是我接下来要介绍的：与其"千篇一律"，不如"各有特色"。关于如何永葆创新能力，我按照自己的理解，把在博报堂的一些工作经验和想法整理成书。我想，或许它们能帮助读这本书的你激发创新力。

团队中的每个人都各有特色

30多年前，博报堂就提出了"与其千篇一律，不如各有特色"的主张。1981年9月，我们预测到以生活者[①]为中心的社会即将到来，继而成立了"博报堂生活综合研究所"[②]。同年11月，提出了新的经营方针，即"营销工程（Marketing Engineering）"[③]。为适应这些变化，博报堂开始强调"自由与自立"的风气与商业风格，并在此基础上提出了上述主张。

---

① 生活者：根据"博报堂生活综合研究所"提供的解释，生活者表示过自己生活的人，它涵盖的不仅是人们作为消费者的经济层面，还有作为个人的社会心理和政治层面。

② 博报堂生活综合研究所：1981年成立于东京，现今在上海和曼谷均设有分部。从营销人员需将顾客视为具有独立个性的个人（即生活者），而非单纯消费者的角度出发，每个机构都针对生活者的行为、观念及期望进行原创性研究，以确定新兴趋势的线索及未来的生活方式。

③ 营销工程（Marketing Engineering）：1981年提出的新经营方针，即综合各种营销手法，配合市场分析，使广告产生最大效益。

　　"千篇一律"适用于日本经济高速增长期的"以生产为中心"的社会，那时所有人为了同一个目标，努力打造产品品质。然而，未来是一个强烈追求"个性"、强调个人好恶的"以生活者为中心"的社会，同时，作为我们客户的各个企业，它们需要的是应对时代变化的方案，是包含实践在内的综合性服务以及解决更复杂问题的能力。

　　如此一来，无论是生活者还是企业，我们都需要"各有特色"，而非"千篇一律"。世间没有完全健康发展的企业，各企业也不会面对完全相同的问题。若要解决它们面临的根深蒂固的不同问题，营销团队就需要由"各有特色"的人组成。

　　当然，创意部门也以此为核心进行整合、招聘、培养、研修、组建团队、设计工作等。如何培养"各有特色"的人并使其独立？如何让每一个人都变得强大？我们一直在不断试错中前进。无论是博报堂成立之初，还是今天，这一直是我们最重要的课题。

为了独立，给予自由

在打造"各有特色"的团队时，自由与独立是不可或缺的关键元素。我们所需要的独立，是自己承担风险、自主进行工作，而非等待分配任务。所以，为了最大限度地发挥各自的才能，我们给予其足够的自由发挥空间。这样，也会创造出更多孕育"各有特色"团队成员的土壤。

正如诺贝尔物理学奖得主江崎玲于奈所说，没有风险的想法无法称为创意，创造新的物品，产生新的想法，无一不伴随着风险。为了给予员工超凡的勇气和决断力，必须打造出自由的工作氛围。在这样的氛围下，我们如何专注于创造性工作？如何培养创意？如何成为"与众不同"的人？我尝试着把自己在实际工作中，从上司、前辈、同事那里学到的"思维方式、生存法则、工作方法"进行了总结。

去感受、去发现，打造出个人特色

我并不打算将话题局限于广告、创意等特定领域。我不是传授专业知识，而是通过实际工作的经验传递"职场人的智慧"。即使经过了漫长的时间，这些由亲身经验总结出来的话语依然具有普遍性，每一点都会让人们大呼，"原来如此！""原来是这么一回事！""以前我怎么没有注意到！"

虽说工作领域有所不同，但管理者的目标应该都是培养"有创意的职场人"。如今的时代，要求所有人具备创新能力。若本书能为诸位的工作提供一些启发、让大家有所发现并最终成为"与众不同"的自己，我将不胜荣幸。

PART I

态度

Stance

1 说到底，创意即人品

所谓创造，其实就表现在与其他人的不同之处。即便面对相同的主题和课题，也一定会有不同的答案。从何处收集信息？选择哪些信息？将哪些信息进行组合？如何将其转换成语言或如何呈现？这一切都归结于个人的认知和性格。

T的团队曾长达20年负责同一客户，作为团队领导的T说："非要让我说的话，我认为创意即人品。归根结底，人品好的人才能吸引对方，才能最终取胜。具有人格魅力的人，所言、所做、所创造的东西都是有温度的，是值得信任的。不可任性、谄媚，否则很快就会被识破。"他根据经验总结道："做广告创意的人，一定要思考如何才能把世间的幸福串联起来，同时一定要有情怀。"

"思考"这一行为，是从个人的经验、人格中提炼出来的，不会超出个人的能力范围。随着人的成长，思考的领域逐步扩大，原创能力有可能得到进一步提升。我们要不断磨炼自己，将内在的潜能激发出来，只有自己成长了才能影响到他人。

DATE:

MOOD:

WEATHER:

一个人如何思考，
与其以往和今后的生存方式息息相关。

本节的启示或激发的新体悟

THE END

2 别脱离本质

B 是一位待人和善的创意总监, 大家也愿意聚在他的周围, 与他交流。交流过程中, B 会不断说出自己的想法, "嗯嗯""原来如此""那个要怎么做"……随着交流的深入, B 总会在最后直指问题的核心: "这么做, 客户真的会满意吗?""这真的是客户想让你做的事情吗?"进展到此, 每个人的苦恼点都会发生质变, 但又各不相同。于是, B 不断强调: "别脱离本质, 要抓住本质, 因为这才是创意的源泉。"

若要用制衣来比喻的话, 博报堂提倡的是"要量体裁衣, 而非提供成衣"。其中就体现出匠人造物的精神。

客户的情况各不相同, 所以我们要做的不是给出相同的答案, 而是针对每一种情况提出应对方案。我们的工作, 不是提供固有的概念, 而是要不断逼近问题的本质, 最终为客户提供量身定制的方案。

很多事情看似理所当然, 但我们要做的就是, 引导客户注意到以前没觉察到的细节，找出他们没有看见的优点，让他们发出"原来是这么一回事啊""还有这样的考虑啊"的共鸣，这才是本质。因此，我们要将重心放在寻找吸引顾客的方法，而不是思考怎么去销售。

这样的创意，客户真的会满意吗？

不要从固有概念中找答案，而要量身定制。

本节的启示或激发的新体悟

THE END

3 模仿他人就是否定自己

一遇到困难就逃避，总是从固有的模式或过去的案例中寻找启发，然后把方案提供给客户，试探他们是否认可。M非常不喜欢诸如此类的模仿行为，他的团队推崇将原创进行到底。

他认为，模仿他人说明自己一无是处，模仿得再像也无法超越本尊。他经常这样鼓舞广告新人：幼稚也没关系，要亲自动脑好好思考。因此，其团队的原则是，没有自己的想法或创意的人不能进入会议室。

其实我们都明白，学习始于模仿，通过模仿，我们可以学到很多东西。但关键在于模仿的方式。我们不是模仿外在的形式，而是要洞悉背后的思维方式、生存法则、工作方法，找出本源。

"为什么这能够得到好评？为什么采用这样的形式？客户为什么对这个方案满意？"追寻本源的过程中，多看多问是必不可少的。如此一来，便不再是"模仿"，而是"学习"了。

唯有不断追求原创，不断打磨属于自己的内在力量，才能摸索出不同于他人的方法，找到自己前进的方向。

DATE:

MOOD:

WEATHER:

不要模仿外在形式，
而是要洞悉背后的思维方式、生存法则、
工作方法，找出本源。

本节的启示或激发的新体悟

THE END

4 花在"苦恼"上的功夫太少了

让我们先离开"广告制作一线"，去综合企划室（即后来的 MD 企划室）看看。这个部门的主要工作是思考如何培养强大的制作人，并负责与此相关的一切细节琐事。正因如此，综合企划室的员工也经常会去制作一线转一转。

领导 N 在某次会议上给广告新人们的忠告，给了我很大感触。

"你们花在苦恼上的功夫太少了！"

"创意不是偶然之物，只有在非常苦恼时才会有灵感的突然闪现。只有核心内容有趣，才能扩展下去。而一旦到了把构思具体化的阶段，苦恼又会随之而来。水平不够高的人，还没办法体会这种苦恼呢！但是，也有不会苦恼的人，他们欠缺的是坚持把构思具象化的能力。换言之，这样的人会天真地以为'我只提供会议材料就好了，剩下的其他人会想办法'，这未免把事情想得太简单了吧！"

　　我们每个人都应该对自己负责，工作中虽然强调团队协作，但同时也有个人独立负责的部分。我们要做的就是在自己独立负责的工作中学会如何苦恼，学会在苦恼中深入探究并坚持到底。二三十岁正是体验这种苦痛与快乐的阶段。若这个阶段没有彻底激发出个人潜能的话，这一辈子可能都不会再有机会了。

　　总之，最好将"苦恼"视为跟随我们一辈子的好伙伴。

DATE:

MOOD:

WEATHER:

要勇敢面对,不许逃避。

苦恼的程度还不彻底,

要深入其中一探究竟并坚持到底。

本节的启示或激发的新体悟

THE END

5 只靠"喜欢"无法混饭吃

博报堂有这样一位领导，他一有时间就会和广告制作新人们交流。他会问："你喜欢什么？"如：喜欢什么书，喜欢哪位艺人，喜欢哪类音乐，喜欢什么食物，喜欢哪个国家，喜欢的穿着打扮……再进一步，他会追问对方喜欢什么样的人，喜欢自己性格的哪一点，等等。

新人们虽然给出了答案，但也因为从未深入思考过自己的喜好而显得有些不知所措。回答自己喜欢什么，就好像将自己赤裸裸地展现在别人面前。可不知不觉中，他们反而能在这些"喜欢"的事物中看出一些共同点或是贯穿其中的衡量标准。

这位领导这么做的目的是想让新人们在说出自己的"喜欢"的同时，让他们清醒地认识到"自己的个人特色是什么"。继而他告诫新人们："不要仅仅止步于'喜欢'，在专业的领域里，'喜欢'和'擅长'是两码事，只靠'喜欢'

是无法混饭吃的。"

　　我们要不断自我打磨，让"喜欢"发展为"擅长"，并最终得到别人的肯定和夸赞。这样"擅长"就逐渐成了个人风格并最终升华为个人招牌，因此"喜欢"的东西就成了值得深入钻研的项目。

　　"喜欢"可以使人"着迷"，"着迷"能带来"深入钻研"和"坚持"。只要是喜欢的事物，哪怕在如厕时、坐车时都会浮现在脑海中。所以，只要钻研得够彻底，便会形成自己独特的风格。

　　"喜欢"是一个很重要的源泉，抓住并不断打磨，它就能带领我们达到一个与众不同的绝对的高度。

把"喜欢"打磨成"擅长",

这个"擅长"就会慢慢变成个人风格,

成为自己的招牌。

本节的启示或激发的新体悟

THE END

6　努力也是一种本事

　　博报堂的一位创意总监 S 认为大量积累是具有最大价值的，他曾说过："能力是可以通过大量积累来培养的。"

　　S 一直以来的观点就是，人与人之间，本质上没有太大的差别，坚持思考的人才是赢家。乍一看，这种观点好像比较老套，但就自身经验来看，这句话可谓真理。因此，我刻意提倡：勤劳努力吧，别在量的积累上输给别人。

　　这个道理同样适用于竞技体育。比如铃木一郎、松井秀喜等出色的棒球运动员，无一没有经历大量的训练，付出无数的汗水。

　　说到这儿，我想起一位优秀的广告文案撰稿人曾说："策划能力的培养，和肌肉力量的锻炼是一个道理。一旦疏于训练，能力转眼就会下降。思考也是需要颇费工夫的，只有每天坚持，思考力才不会退化。"

　　这简直是至理名言。

　　有人说，创意和信息量成正比。没有足够的信息量，便看不到整体，也无法发现新事物。因此，我们需要不断努力去探索、挖掘信息，这样思路才会慢慢地拓宽。

　　我们需要突破边界，不断地串联起相关事物然后进行扩展。如果只处理 10 个方案，依靠手头的信息还可以做到，但若要做 30 个、50 个方案的话，没有大量的信息储备是很难做到的。因此，只有平时养成积累的习惯，才能赢得最后的胜利。

DATE:

MOOD:

WEATHER:

人与人之间，本质上没有太大的差别，

坚持思考的人才是赢家。

本节的启示或激发的新体悟

THE END

7　共情是一种想象力

"如果是我的话，别人怎么说我才会动心呢？"如果你不懂得这样换位思考的话，将无法说出触动人心的话。

刚进公司的时候，一个文案撰稿前辈给我留了个作业：给一位长者写一封道歉信。可以假设某种情况，比如"弄丢了对方借给你的很重要的一本书"或是"还钱还晚了"。我当时应该是写了一篇比较冷淡的、没什么人情味的道歉信。其实这位前辈是想用这种方式告诉我：写方案就是与表达对象之间的互动、沟通。

其实，共情也好，体恤他人也罢，都不是品德问题，而是想象力的问题。缺乏想象力的人是无法表现出体贴和共情的，这也是一种沟通上的欠缺。

只有明白了对方的想法，才能沟通顺畅。对话也一样，只有能够想象对方希望听到什么，才能让对方用"没错，就是这么回事"把话题继续下去，否则就无法实现有效的沟通。

　　对每个人该说什么，怎样表达才能让对方认同？我认为，想象力就是站在对方的立场考虑问题时表现出的"同理心"。

共情是能站在对方的立场考虑问题。

无法共情的话，你会一直停留在该怎么

写文案这个阶段。

本节的启示或激发的新体悟

THE END

8 有发现才有改变

博报堂培养人才的基本宗旨是：不进行"教导型教育"，而是"启发式培养"。因为博报堂认为，"教育"一词的含义本来也不是教与育，而是促使大家自我发现、自我思考，从而激发出自觉的行动力。

江崎玲于奈曾说过："自我发现是教育体系中最重要的一环，培养能够自己承担风险、开辟新道路的人，才是教育。"因此，我们特别注重构建一个既强调个性，不断提升磨炼自己，又能和团队成员共同奋斗的工作氛围。

此后博报堂陆续推出了诸如城镇观察、课题创意训练、KJ法、头脑风暴、第一线体验等一系列考察感受性的训练。在此基础上，还结合日常工作反复训练，以进一步打磨员工的"观察力"。所以，面对同样的东西，越是富有创意的人，越能有所发现，因为他们的好奇心也比较旺盛。

有时候，即便掌握了同样的信息、同样的数据，也要依靠直觉和想象力来展开下一步。你能注意到什么，能发现哪里不同，这种创造性方面的差异，将进一步造成人与人之间更大的差距。

如今，时代、商品、生活者、企业活动等各个方面都在不断变化，思考的前提也应随之不断变化，如果没有新的发现，就很难有所改变。

DATE:

MOOD:

WEATHER:

同样的东西，越是富有创意的人，

越能注意到有趣之处，这就是差距。

本节的启示或激发的新体悟

THE END

9 打破壁垒

当今时代，通过跨界、合作等新的组合方式推进创新的商业模式不断出现。在这样的背景下，"只熟悉这个领域""只深耕这个专业"的人，是无法应对今后不断变化的商业需求的。

创意部门主管 G 经常引用彼得·德鲁克说过的一句话："90% 的创新，都是与外部智慧共同合作的产物。"他告诉大家，灵感通常都在工作之外，并鼓励员工到外面找灵感，画地自限是产生不了原创的。

如今，只靠表现力是无法应对各种复杂课题的。由于销量不好，客户追求的往往是销售的智慧，因此我们不能只停留在表现的技术上，而是要打破自己的专业壁垒，不断跨界、跨领域学习新东西，才能为客户提供最好的服务。

某一年，日本化学学会邀请我参加化学领域年轻学者的研习会。当时我有一瞬间的不解，因为我完全就是个外行。

但接下来我了解到，此次研习会的目的是学习概念如何订定，他们想从广告从业者身上获得一些新的有关价值创造的启发。

化学家是化学领域的专家，同时也是这个社会中从事商业活动的一员。当局限在专业领域的界限内时，便会忽视界限外的其他重要东西。我想，他们正是深知其他东西的重要性，才会发出这样的邀请。可见，无论身处哪个领域，都应该让自己拥有更广阔的眼界。

DATE:

MOOD:

WEATHER:

"我只熟悉这个领域",
说这种话的人无法应对今后不断变化的
商业需求。

本节的启示或激发的新体悟

THE END

10 倾听生活者的意见，但不要被其左右

创意总监 Y 认为，倾听生活者的意见，然后以此为前提思考，未免太轻松随意了吧！专业的创意人士的工作是什么？是在听取大家的意见后，思考如何预测未来趋势、如何让想法具体呈现、如何打动人心。毫无疑问，Y 的这些想法和那些标榜数据为本的人的想法大相径庭。

人类是一种一方面讲究合理性，一方面却不讲道理的存在，是伴随着欲望、梦想、习惯、憧憬、脾气、喜恶等各种复杂的情绪和想法生存于世的。所以 Y 坚持认为："生活者的意见充其量只是意见，不能被其左右。"

从我的经验来看，生活者的意见往往是马后炮、事后诸葛，即使他们能提出意见，也无法形成原创的点子。生活者并非企业本身，他们不可能去思考下一步的事情。另外，如果直接提取信息或数据，得到的只是平均值，结果也只是和竞争对手站在同一个起跑线展开竞争罢了。

　　能够将各类信息组合起来，并描绘出"试着把生活方式变成这样"的人，才是专业的创意人士。比如，电脑依靠精密度和多功能性来竞争的话，是不可能联想到这是一个连儿童都能用手指滑动操作的"信息终端"。所以在商品具体呈现之前，我们并不知道"自己想要的东西"是什么。

　　因此，专业的创意人士就是要将生活者的意见具体呈现在人们眼前，并告诉他们："你看，这就是你们所想要的。"

DATE：

MOOD：

WEATHER：

所谓专业的创意人士，

就是能够把生活者无法描绘的未来

展现在他们的眼前的人。

本节的启示或激发的新体悟

THE END

11 对自我的投资不足

我还是个新人的时候，一位文案撰稿前辈曾对我说："高桥，广告是门杂学，所以你需要对自己做更多的投资。"

"你的知识积累还太少""你的经验还不足"，这些前辈们鞭策、激励新人的话虽然会令他们紧张，可它们其实是有深意的。如今我也传承了前辈的话语，以此鼓励着广告新人们。

创意源于自我，是从自己所看、所读、所闻、所体验，还有所思考的事情中产生的。你能从自身经验中提取出多少不一样的信息，以及如何将这些信息组合起来，创造新的价值，这些都需要感知能力，需要从无数知识和体验中产生的感知能力。

从所看、所读、所闻、所体验的事物中培养、打磨品位，再加上额外对自我的投资，便会不断提升自己对事物的感知能力。这所有的一切都与创意息息相关。

　　仔细想来，一流的主厨通常会为了寻找新的食材而亲自去产地，也会在好奇心的驱使下去探访风格迥异的餐厅。因为他们明白，只有在新的知识与新的体验中才会产生新的组合，创造出独特的菜品。

　　所以，不是因为有品位而成为一流，而是因为不断在知识储备和经验积累上进行投资，进一步提升了品位，才会被大家认可为一流。

创意源于自我，

因此要不断在增加知识和体验的基础上

进行自我投资。

本节的启示或激发的新体悟

THE END

12 这样做，能满足客户的需求吗？

某一年，我从广告制作部调到了统筹运营的综合企划室，工作内容也从解决公司外部的问题变成了解决公司内部的问题。在这个部门，领导常常提出这样的问题："这样做一线会满意吗？""一线希望做的东西真的就是这个吗？""这种状态，对方会说'好，就是它了'吗？"

每当我拿出忽视客户想法的方案时，总会被斥责"没有考虑客户需求"，从而被驳回。无论在制作部门还是策划部门，都不能将客户的需求和想法摒除在我们的思考之外，因为所有的答案都藏在客户的需求中。

工作是有对象与目的的，随之而来的便是问题与苦恼。所以，重点是要搞清楚对象，这是工作的第一步。

在思考时，请在说什么（what）之前加上对谁说（who）。现在做的事情是为谁做的？做了之后，希望谁可以变成什么样？为谁做了什么事情后会获得皆大欢喜的结果？

　　"我想为他们做这些事情"，凭着这种积极地为对方着想的热情，便可听到内心真实的想法。这就好比医生治病，医生会根据不同病人的体质巨细无遗地问诊，去逼近问题的症结……在这个过程中，我们将会得到解决问题的关键：答案就在客户的需求中。

所有的答案都藏在客户的需求中，

我们要仔细思考，

究竟想给客户提供什么。

本节的启示或激发的新体悟

THE END

13　想做什么？想怎么做？

通常情况下，确立了主张、意见、提案等各方信息之后，沟通就实现了80%。但是，要想达成与客户的真正沟通，还要取决于提案力，即传递什么样的信息。

然而，实际工作中很多人搞错了重点，总是不由自主地将"讨客户欢心"视为优先任务。因为想要赢得掌声、博得赞赏，结果就形成一种错觉：将投其所好获得的瞩目，误以为自己有所表现与成就。

一位对此深有体会的前辈认为，只懂得把焦点放在能不能讨好客户或产品卖得好不好上的人，会让自己变得面目可憎。

你想为对方做什么，希望对方变成什么样，这种想法与热情越强烈，沟通就会越顺利。

企业文化更多地提倡给人以幸福，关注人的内心，关注文化乃至社会整体。因此我们的提案也要从物以及社会当中汲取灵感。

　　我们要去探索并创造快乐的方法，以及让未来变得更好的方法。唯有保持对人和社会的执着探索与关注，才能打动人心。

DATE:

MOOD:

WEATHER:

不要误以为刻意迎合、投其所好的
引人注目就是"有所成就"。

本节的启示或激发的新体悟

THE END

14 不会整理的人，便不会思考

一位前辈经常和我们讲，整理是一种才能，也是一种美感。为什么这么说呢？因为创意工作有以下三个基本点：

① 广泛收集信息；

② 筛选并提炼精华；

③ 进一步打磨核心。

将分散的信息在大脑中整理、排序，然后进一步筛选……这一过程的关键在于是否具备整理能力。但是，如今获取信息太过容易，很多人既不整理信息，也不对信息进行排序，换言之，我们很容易忘记深入思考之后再筛选信息。比如："从何处收集何种信息才是最好的？""应该选择哪些信息？""哪些是最重要的信息？""哪些信息有可能产生好的变化？"

整理，最基本的就是要从众多事物之中进行筛选，需要的是知识、常识与美感，我们也能从中看出一个人的性

格特征。有位创意总监常给广告新人布置这样的作业：选择自己喜欢的 10 个广告。然后他会问对方为什么选择这 10 个广告，喜欢这 10 个广告的哪些地方……

　　毋庸置疑，选不出好文案的，便写不出好文案。在厘清自己的思考之前，为收集信息、整理信息而绞尽脑汁，是必不可少的过程。

DATE:

MOOD:

WEATHER:

思考，就是把零散的信息

进行整理、排序，并进一步筛选。

本节的启示或激发的新体悟

THE　END

15 唯有一流，才能用好一流

在博报堂，有很多和外部人士合作的机会。但若是因为对方名气大就盲目地寻求合作，往往无法得到好的提案。

有些广告新人明知打肿脸充胖子，也渴望和外面公司的明星设计师合作。结果，不但根本无法把自己的想法清楚地传递给对方，还被对方牵着鼻子走，最终比稿时，提出连自己都无法想象的提案，后果当然可想而知了。

总监经常训斥道："只有一流，才能用好一流。""对自己的实力不足视而不见，只一味说都是对方的错，这种借口太拙劣了！"

怎样才能做出超乎预期的 120 分，甚至是 150 分？面对一流资源时，只有自己拿出一流的态度，才能用得起、用得好一流的资源。

深入了解客户是基本条件。除此之外，从委托的主题、理念、问题点、想怎么解决，到终极目标的确认、委托方式等，都必须展现出一流的态度，才能博得一流合作方的认可。

有个广告新人，几乎两天没睡觉写完了一份广告策划书。他在这份策划书中充分传递出了"想和某个人合作"的热情。如果能做到这种地步，即使只是广告新人，也展现出了足以与一流人士合作的一流态度。

深入了解客户是基本条件。

此外，从选题到委托方式，

也应采取客户能认同的态度。

本节的启示或激发的新体悟

THE END

16 用脑，还是用手？

领导 A 曾对我们提出过很犀利的质问："你要一直用'手'来工作到什么时候？"虽说我们已经习惯了他的说话方式，但听到这句话时还是很扎心。用手指的是操作，即作业，用脑指的才是工作。

等到别人说才动手做，是作业，自己动脑思考创作才是工作。虽说照着别人的意思去做是必经过程，但一直用手工作是不行的。领导希望我们随时思考"如果是我的话，会怎么做""我想要什么样的改变"，这样才能一边提出自己的想法，一边拓宽工作领域……更何况，在混乱、多变、纷杂的商业社会中，我们不能守株待兔，要有所突破，要改变工作方式，从用手作业转换成用脑工作。这也是领导对我们的期待。

20世纪90年代，博报堂负责人提出了"3000个制作人"这一关键词，意思是：要想与客户成为好的工作伙伴，已经不能只从点的角度解决问题了，而要从线和面的角度综合考虑，成为能够为客户提供整体服务的综合型人才。

立足专业，以专业为轴心，不断拓宽专业领域的同时，为客户解决更多问题。更多地用脑工作，并将其与企业的品牌形象联系起来。虽然越需要用脑的工作难度越高，也需要付出更多的努力，但也更刺激、更有趣，比起只用手，简直是另一种境界。谁都不喜欢总是受人驱使，仔细思考一下，你想用的是脑，还是手？

DATE:

MOOD:

WEATHER:

越需要用脑的工作难度越高，

虽然需要付出的努力更多，

但同时也更有趣。

本节的启示或激发的新体悟

THE END

17 站在"人"的角度思考

没有人，就没有交易，商业因人而起。有你，有我，一切才会展开。一旦离开了人，交易就无法进行了。这是真理。若想逃避，工作将难以进行。当今社会，只靠效率、方便性、合理性、品质、性能，是无法发展的。在这个物质过剩的社会，我们要重视"人"的作用，若不把信息落到生活中，就无法产生价值。因为对于人而言，判断价值时最重要的一个标准就是是否喜欢。

博报堂的董事 G 创作过很多有代表性的广告，这些广告或能引起共鸣，或能让人们有深切体会。他的口头禅就是："一切都以人为中心来构思了吗？"他还说过，商品也好服务也罢，皆由人使用，所以必有喜怒哀乐在其中，所有的工作到最后都与人有关。他还常说，我们的工作就是做出让人喜爱的行为。

以人为中心，能够引起共鸣的东西，往往是拥有普遍性的东西。

　　G 还将自己的理念运用在生活中，他每天下班一定会去便利店，边逛边观察。G 说，媒体再发达，便利店中依然有着最新生活状态的缩影，也能够感受到未来变化趋势的征兆。

DATE:

MOOD:

WEATHER:

商品也好服务也罢，皆由人使用，

一切工作都与人有关。

本节的启示或激发的新体悟

THE END

18 这是一个用"个人招牌"说话的时代

在"各有特色"的团队中，我们追求的是每个人在对自己工作负责的基础上做出自己的成绩，自由也是在此基础上存在的。

博报堂没有商品和工厂，有的只是信息、智慧和技术。若不能主动思考、创作，将创意商品化，就等于没有创造个人价值。

我的领导（时任副总经理）笑着用他那特有的语气鼓动我们："用自己的能力换取金钱，这就是商业交易。为此，每个人都要打造自己的招牌，有一技之长，有自己的风格，打造自己的特色。下功夫去磨炼自己，将擅长的东西变成自己的招牌。做到这种程度才能开始赚钱。做别人做不了的事，收取的费用也要让别人望尘莫及，要做到别人即使嫌价格贵，也不得不请你。"

如今，软件与硬件、科学与艺术、客观事实与主观感受等，越是具备这些互补观点或见识的、越有魅力的人，其存在感越强。能够拿出令人满意的成果，成为名声显赫或有头有脸的人，工作自然会找上门来。接下来便只需考虑：我要和谁合作？把工作交给谁才是最佳选择？

社会正朝着优秀的个人主义发展，这个时代，比的是"个人招牌"。

用自己的能力换取价值，

这就是商业交易。

为此，每个人都要打造自己的招牌。

本节的启示或激发的新体悟

THE END

19 商业是智慧的竞争

在当今的商业社会中，关起门来就能把内部问题圆满解决的情况越来越少了。现在大家都普遍认为：①彼此合作共同解决问题；②大家一起收集信息，群策群力；③智慧的源头终究在于个人。

怎么做产品才能卖得好？怎么做才能实现有效沟通？怎么做才能提升企业品牌形象？如果没有创意就无法进步。所以，我们要最大限度地善用先进的硬件设施，同时，当无法依靠硬件的时候，比如，创造附加价值、提升品牌形象、设计、服务精神等，就要运用智慧来提高水平。

在这样的商业环境下，我们所追求的是"效果"，也是"成果"。所以，对于创意总监来说，没有动用脑力、运用智慧的工作，是无法获得他的认可的。没有动用脑力就无法打动客户，就不会有效果，更不会产生价值，也就不能说自己制作的东西是一件作品！

　　产品卖得不好怎么办？那就降价吧！这种做法太没创意了。只针对某个点发挥创意已经无法与他人竞争，如今我们面临的是整体统筹的智慧竞争。

产品卖得不好就降价？

这种做法太没有创意了！

没有创意就无法进步。

本节的启示或激发的新体悟

THE END

20　工作就是想办法让进展不顺的事情变顺利

一切商业行为都是在一定的前提条件下进行的。除了与社会整体状况、市场环境息息相关外，也与时间、预算、人才等工作中的实际问题脱离不了关系。工作规模越大，需要克服的困难就越多、越大。若想克服这些困难，唯有靠创意。

我们所拥有的武器是智慧，是创意点子，是营销方式，是沟通技巧。若能善用这些武器，就能够对企业、对社会有所益处。

在这样的背景下，给予我力量的是领导 S 的一段话："我们的工作就是找出让下一步走得更顺利的方法。把当下归零，只考虑如何做好后续的事情，自然就不会有抱怨了。人只要积极向前看，就不会感到有压力。反过来说，若是没有'我想做这个！'的想法，做什么都会觉得无趣甚至痛苦。""越是无能之人越爱抱怨。不要用找借口、讲歪理来逃避问题。我们的工作就是解决问题。广告人就是要把解决问题与克服困难当作有趣的事来做。"

　　S 就是用这样的方式来定位我们的工作的。无论现在还是将来，工作就是想办法让不顺的事情变得顺利，而为了克服种种困难与障碍，我们就需要创意！

DATE:

MOOD:

WEATHER:

越是无能之人越爱抱怨。

不要用找借口、讲歪理来逃避问题。

本节的启示或激发的新体悟

THE　END

PART II

创造

Creation

21 书写即思考

每当看到有人在发愁、烦恼的时候，董事 O 都会告诉他们："不先把想法写下来是不会有进展的。"

有人会说，我怎么想也想不出好创意。可是，真的是想不出来吗？这时，O 就会鼓励他们说："之所以没有产生好创意，是因为没有好好整理大脑中的想法。只是原封不动地把想法一直搁置在头脑中，无异于没有思考。可以通过把想法书写出来，让模糊的思考具象化。"

任何人都不是从一开始就有好创意的，我们需要把头脑中所有的想法全部拿出来。换言之，只有将大脑中的想法具象化之后，才能将其进一步变成好点子、好创意。

从这个意义上来说，"书写即思考"：①将想法随手写下来；②进行整理；③提炼、打磨，最后形成让人眼前一亮的好创意。

所以，第一步就是书写。我们会在墙上贴很多大张的白纸，想到什么就随手写上去，即使没头没脑也没关系⋯⋯如果是使用比较小的便笺纸，会限制思维，有时还会不自觉地在大脑中直接整理，导致无法挥洒天马行空的点子。

　　把大张的白纸提前贴在墙上，好处是：①想到什么可以随时补充上去；②能和大家分享头脑中的想法；③站得远一点，从客观的角度重新审视。借着书写，哪怕只是一点点的小灵感，都有可能发展成为很好的大创意。

DATE:

MOOD:

WEATHER:

原封不动地把想法一直搁置在头脑中，

无异于没有思考。

所以，先从写下来开始吧！

本节的启示或激发的新体悟

THE END

22 你的创意只是收集信息吗？

料理台上摆满了各种食材，厨师该如何发挥创意，搭配这些新鲜食材，做出独创料理呢？这就需要专业的创意和技巧了。我们的工作也是如此。资料、信息就是食材，应该如何假设并发挥独特创意呢？我们工作的终极目标就是完成一道打动人心的独创料理。

如今，我们很容易获得大量的信息。由于信息量过多，很多人无法正确判断其价值，也有很多人会过度依赖新颖、奇特的信息，从而不做任何提炼就直接提交上去，这样通常会被指责："这种程度的东西，不过就是一堆信息资料罢了，你根本没有好好工作吧？"

资料和信息作为我们展开工作的依据是必要的。但是，广告人工作的关键在于，如何在这些信息资料的基础上创造出能带来期待与幸福的东西。因此，能否根据手边的资料判断出下一步的发展或接下来该如何做，考验的就是广告人的创意。

　　越是信息庞杂的信息化社会，就越容易依赖调查资料。不可否认，以调查信息为基础的策划的确增色不少，但是，如果只追求这种程度，再怎么思考，做出的东西都会非常相似。

　　以重视"量"的信息为基础，去发现能够感受到未来或梦想的"质"的征兆。独特的创意便由此产生。

DATE:

MOOD:

WEATHER:

工作不只是收集信息，

如何将信息加工运用，

这需要的就是创意了。

本节的启示或激发的新体悟

THE END

23 不破不立

"创造就是破坏。"一直以来担任策划部门创意总监的 M，想法或许有一点偏激，但思维方式比较灵活，看问题能够一针见血。他一直这样鞭策广告新人，"要想创新，就要打破过去的经验和习惯！不破不立！这是必然的"。

M 总是为广告新人在思考上畏缩、放不开的状态感到着急。但是，在广告新人看来，究竟该破坏到何种程度也是个问题。要天马行空到什么程度？又该做出多少变化？如何把握这种尺度，广告新人其实并不清楚。

而且，新的想法不一定都是好的，所以破坏也有一定的法则，但是要想掌握正确的破旧方法，只能靠自己积累经验，体会个中感觉和诀窍。

若要给大家一些小启发的话，我想说的是《伦敦时报》提出的记者和新闻从业人员面对工作时所秉持的 "Y·T·T" 的基本素养。

Y（yesterday）·T（tomorrow）·T（today），指的是"观察过去，解读未来，阐述今朝"。因为，若不能理解过去与未来，再怎么破坏也无法创造出当下。

DATE:

MOOD:

WEATHER:

若想创新,

就要打破过去的经验和习惯。

本节的启示或激发的新体悟

THE END

24 有什么新发现吗？

文案撰稿人 Y 认为，是否有"发现"是评判工作成果的一个重要标准。他总是通过诸如"原来还可以有这样的观点啊""原来还可以从这个角度去看啊""这真是能引发共鸣的新发现"的方式，对能站在新角度提出新观点的人给予高度评价。

因此，只要提出好的创意，Y 就会发出"我懂、我懂""原来如此""这么一回事啊""是这个意思啊"等赞叹，这样的肯定能让新人觉得很有成就感。

但是，若要听到 Y 说出"没有任何新发现"的评价，这就意味着方案被毙了。因为他认为，你没有充分站在对方的立场思考问题，而且找寻创意的努力还不够。

所谓创作，也可以说是创造出新事物，但是我们不是从无到有地创造出某事物。说到底，创作可能只是变换看事物的角度，或是重新组合已有信息产生新发现、新创意。

总而言之，相比"创造"，更重要的是"有新发现"。

　　发现那些以前没有注意到的事物，你会惊讶道："竟然还有这样的发现！"或是将某些事物重新排列组合，也会让人惊叹："原来还有这一招！"像惊讶于新发现这种引起内心情感共鸣的创意，才能打动人心，也贴近现实。

　　你能在多大程度上站在对方的角度考虑问题？这从每个人的新发现中都可以看出来。

DATE:

MOOD:

WEATHER:

没有新发现，
说明还没有充分站在对方立场上思考问题。

本节的启示或激发的新体悟

THE END

25 目标 100 则，只要写得出来就一定有办法

"周五之前写出 100 则文案。"

广告界有名的撰稿人 M（现为自由撰稿人）在刚进公司参加新人培训时，会埋头写下一则又一则的文案。他每周的任务就是为拿到的各种题目写 100 则文案，这种情况一直持续了好几个月。

这对于广告制作人来说是打基础的工作。M 说，直到现在他还是会有意识地每周写上五六十则文案，他认为，有些东西越写就越能清楚显现，找出那个东西的过程是令人愉悦的。

如今，博报堂的新人们还是会被要求"先写出 100 则文案"。这是从"百次挥棒"的概念发展出来的训练术。即便是日常生活中，很多事情也可以通过这种方法进行梳理。总之，每天都要强行拓展自己的领域，这样才能接触到新世界。10 则、20 则文案比较容易做到，但是 100 则的话，手头的信息一定不够用，因此，为了写出好文案，就得逼自己拓宽视野。

首先，可以从广告对象的生活方式或行为着手，然后拓展到家人和公司的状况、社会动态、世界各国动态、街头景况、沿着时间轴思考、从历史中汲取灵感、参考节日动态、用动植物来比喻、切换男女视角等，不断拓宽视角，组合不同的信息。

创意往往是从信息的碰撞中产生的，所以最主要的是大量积累各不相同的"点"，才能写出 100 则文案。那么，明天也请继续坚持写 100 则吧。

DATE:

MOOD:

WEATHER:

有些东西越写就越能清楚显现，

写着写着，

也就自然而然地拓展了自己的领域。

本节的启示或激发的新体悟

THE END

26 一旦自我满足，就会止步不前

我曾和设计师 Y 一起负责富士胶片的工作，在合作过程中，我被其深深影响并得到了成长。Y 基本不会有工作懈怠的时候，他认为，一旦自我满足，就会止步不前，可明明可以做得更好的。而且一旦投入工作，Y 总会丧失时间感。

广告制作打的是团队战，若不能提高自己的文案和创意的质量，便会给合作伙伴添麻烦，还会影响整体成果的水平。即便是完成创作，Y 还是会再次给自己施加压力，并追问自己："这样的广告，能给人留下深刻印象吗？"

当然，我经常连着几天一直和 Y 工作至深夜。因此我从他的执着和坚持中切身体会到：所谓匠人造物，就是要做到这个地步啊。做到什么程度才能认为自己过关了呢？这些必须自己思考、自己选择、自己负责……从他身上，我了解到这是多么困难的事。

　　我注意到现在一些广告新人有个倾向，他们通常在想出几个方案后，就会问："你觉得怎么样？"他们希望别人能帮忙做决定。更有甚者，有些人只拿出初步构思，就让对方帮忙拓展思路。这样做的话，最终也无法培养自己独立创作完整方案的能力。并不是说不能请前辈帮助做选择或下判断，前提是要有自己的判断和意见，而且要明白最后还是要靠自己做决定。若不如此，你将永远不会有专业意识。

DATE:

MOOD:

WEATHER:

工作就是持续创造没有正确答案的东西，
而且永远没有终点。

本节的启示或激发的新体悟

THE END

27　指出问题，智慧应运而生

　　无论你多么想找出一些有意思的想法、点子，也不可能突然"无中生有"。

　　工作一定有对象，也一定存在待解决的问题。想不到好点子，那是因为眼中没有看到对象，没有读懂对方的苦恼所在。

　　想要发现问题是需要智慧的，而随着问题点的逐渐清晰，与之相对应的答案也就呼之欲出了。

　　广告人是提供解决方案的服务者，广告人的工作是为客户解决问题。越充分认识到这一点，就越能体会到发现问题、提出新创意的责任之重大。

　　产品卖不出去，那就打广告吧，通过广告宣传强推产品……但事实并非如此简单。在这样的大环境之下，董事O让广告新人完全参与到与客户的商谈会中，并让新人把问题点是什么、客户的烦恼是什么，以及与周边的关系等都记录下来，每一个字每一句话，甚至包括说话的语气、开的玩笑、表达的情绪等。

　　回到公司后，再要求广告新人列出这些苦恼点并按重要程度进行排序，然后总结出这些苦恼是由于何种周边关系产生的。

　　这样一来，"找出问题，创意就会从中产生"的观念，就会深深植入他们心中。

所谓工作，就是解决问题，

所以找出问题是第一步。

本节的启示或激发的新体悟

THE END

28 用脑子想得太多

首次诞生在世界上的新发明、新发现，往往不是从逻辑架构中产生的，而是从现有的杂乱无章的信息和知识中产生的，是不断思考中的灵光乍现。

"想象力再丰富一些！""思维要活跃！""不够天马行空！"虽然这些话各不相同，但都指向一个共同的问题，即虽然梳理得很清楚，但不够有创意。

简单来说，在逻辑架构之外，更重要的是有没有特别突出的创意。

个性使然，我始终没有打破现有框架的勇气和决心，所以身为创意人的我，创意力、跳跃力还不够。

果不其然，进入广告公司后，立刻就有前辈指出我的问题，"高桥，你说的虽然很对，但不够有趣""你在脑中思考得太多了"。或许是我的创意还没有跳出"逻辑架构"的范围吧。进一步来说，"我要怎么做才能让对方满意""怎么才能让更多人产生共鸣"，诸如此类的推断力，包括艺术感、想象力也很欠缺。

仅靠逻辑架构做出来的东西，是非常保险的，也让我感到安心。但这样一来，毫无疑问会产生众多相似的想法、点子，也因此会出现很多相似的创意作品，仅靠其中一些微小的差别竞争，长此以往企业也很疲惫……广告最重要的是做出独一无二的有差异化的东西，而不是走上相反的道路。

在"整理"的基础上，能得出什么推断呢？相反，感觉才是超越信息资料的存在，那里有着无法靠逻辑解决的东西。

对是对，但不有趣。

仅靠逻辑，无法打动人。

本节的启示或激发的新体悟

THE END

29   用脚思考，用脚书写

博报堂生活综合研究所的前所长 S 始终秉持这样一个信念：任何一项调查，都是以好奇心为最大原动力。他认为，工作中的原创都来自调查实践活动。

我们请 S 做研习讲师，他告诉我们一个以城市观察为基础的思考方法，也就是保持好奇心，用自己的眼睛观察，用自己的头脑思考……唯有自己亲身去感受、去经历，原创才会从中诞生。他非常提倡这种训练方法，希望新人在新手阶段多体验、多感受，并最终把这些方法与体验内化为身为广告人的特质。

在实际工作中，他经常鼓励大家"用脚思考，用脚书写"。

在当今时代，"硬件"设施不断更新与发展，人们越来越担忧"心"的功能会随之退化。尽管获得了很多信息、知识，但能将其转化成实践、行动的只是很少一部分。现在的人总觉得自己手握很多信息，就什么都懂了。所以人们越来越少动脑去深入思考了。

我们广告人所期待的想象力是什么样的呢？假设，我们现在掌握了一个信息，说"A 事物正在流行"，作为回应，我们希望能发挥个人的想象力去思考"A 事物之后会流行什么呢"，而不是说"那就做 A 吧"。

当下所流行的已是巅峰，也可以说已是过去式。而我们希望大家具备的是预测出下一波流行的气魄。为了达成这个目标，我们需要在具体的实践活动中去找寻下一个流行的迹象。

DATE：

MOOD：

WEATHER：

保持好奇心，用自己的眼睛观察，
用自己的头脑思考。唯有自己亲身感受，
才能成就原创。

本节的启示或激发的新体悟

THE END

30 卖的不是商品，而是意义

这是一个关于日本酒策划的故事。设计师提出了近六十个设计方案，但是项目负责人D连看都不看一眼。因为在这个项目中，视觉呈现只需要放在最后考虑就好。他重视的是"卖的不是商品，而是意义"这一理念，希望大家能重新诠释产品的意义。

"为什么人们逐渐远离日本酒？""如何让日本酒看起来更有魅力？""如何才能实现新的价值转换？""隐藏于时代潮流中的流行新迹象是什么？"

探寻目标客户群与商品之间的新关联、新意义就会花费一大半的精力。如何从过去没有发现的新看法、新的饮用方法、新的使用方法、新的刺激、新的幸福感、新的趣味性、新的口味等方面，深入挖掘产品的意义，并用生活者能接受的语言形式将其呈现，成为团队工作的重心。

如今，在所有商业领域中，创意可以说是实现价值转换的引擎。通过广告创意，有时可以让产品展现与以往不同的魅力，有时可以改变产品过去代表的常识与观点，有时可以通过重新加工信息创造出新的意义……

创意工作的目的，就在于能否顺利实现"价值转换"。

如今，具有价值的已不只是商品，
而是存在于"商品与人之间"的东西。

本节的启示或激发的新体悟

THE END

31 五感要生锈了

我们习惯了"接受"，五感也就在不知不觉中生锈了。一旦开始追求"方便、效率、速度"，就会忘了要用五感去思考了。

此外，若要把"得失"作为判断依据的话，人类特有的思绪和感性也会变得肤浅。因为我们在判断得失时，不会真正去了解对方的动态、想法以及微妙的情感变化。

然而，在今后的商业活动中这种方式是行不通的。今后的社会将会更加重视生活者，广告人要常常铭记：①站在对方的立场上思考；②预测对方下一步的方向。唯有如此，彼此之间才能互相信任。

相比"求知"，"感受"将会变得越来越重要。当广告新人在脑中煞有介事地思考时，董事 G 便会用自己独特的方式提醒他们，"这样太脱离现实了""感受不到温度""缺乏切身体验"，希望以此督促他们走出去进行城市观察。

　　只有亲身体验，才能感受到喜悦、期待、温暖、愤怒、魅力、惊讶等。这和单纯地"了解"一件事，是完全不同的。亲身体验才能获得不脱离现实的创造力，才更具有说服力。

　　我们用五感接触到的一切都是信息，从五感开始观察人群，才能更敏锐地掌握时代脉动。

DATE:

MOOD:

WEATHER:

只在头脑中构思想法，
再合理也无法打动对方的心。

本节的启示或激发的新体悟

THE END

32 该如何取舍

"选不出好文案的人，也写不出好文案。"我想这句话适用于所有从事创意工作的人。无法选择好的信息，就无法构思出好的策划。做选择考验的是独特的个人视角，其中有日常生活中的想法、问题意识、对他人的兴趣、旺盛的好奇心……也就是说，你每天过着什么样的生活，都会表现在你的选择中。

某广告团队负责人 E 常给广告新人布置这样的作业：从众多报纸广告中选择 10 条你认为好的。你为什么选这些广告？觉得这些广告哪里好？你喜欢哪些地方？哪个点能引起你的何种共鸣？如果是你，面对这些广告的主题，你会有什么想法？

E 会不断地抛出这些问题，有时会指出某个想法的浅薄之处，有时会指出 10 条广告缺乏统一性。虽说只是 10 条广告，可你做的选择就展现、代表了自己，这正是他想传授给新人的态度。影视制作公司负责人 N 也曾在招聘文案撰稿人的考试中，出过"选择 10 条报纸广告"这样的题目，应聘者选择的广告反映了他们的思想和能力。

　　这已经不只是做选择了，更重要的是，选择的结果能够反映自己的选择到了什么程度，是出于何种想法做出这种选择的，而这正是体现实力差距的地方。

思想肤浅的人，
只会选择浅薄的东西。

本节的启示或激发的新体悟

THE END

33 改变竞争的舞台

20 世纪 80 年代，花王开始进军化妆品市场，当时各大知名的化妆品企业已经占据并稳定了市场份额，也建立起明确的品牌形象。我当时负责花王的化妆品策划，并与花王的员工们做了一番讨论。

"作为新加入这个行业的企业，为了获得自己的一席之地，不如改变竞争的舞台。"所谓差异，就是不与对手站在同一个舞台上，而是要打造新舞台，这是为了回避与其他公司的竞争而想出的战术。

当然，能够这么做的前提是花王投放在化妆品市场的产品不是彩妆，而是基础护肤品。而且花王公司还拥有自己独特的经营理念和营销战略，具备最适合开辟全新竞争舞台的一切条件。

我为花王提出的营销方案是：不以产品形象为卖点，而以传授正确的护肤知识为卖点。花王苏菲娜（Sofina）在这一理念的指引之下，打造了在当时还很少见的真人实证型广告、信息广告。

从营造产品形象到传播护肤知识，我们脱离了传统化妆品广告的做法，为苏菲娜找到属于它自己的广告定位。

企业也好，产品、广告也罢，只要能意识到"换一个舞台"的可能性，便能踏入一个尚无竞争对手的自由世界。

不要站在和别人一样的舞台上，

要自己创造一个新的。

这就是"差异化"。

本节的启示或激发的新体悟

THE END

34 正确答案不止一个

时任博报堂生活综合研究所所长的S，在新人培训会上的开场白是："创意是没有标准的，或创造前所未有的，或思考与众不同的，答案不止一个，关键在于创意是否符合现实，请去找寻符合现实的创意吧。"

接着他给新人布置课题，让大家进行为期五天的城市观察，从中找寻符合现实的创意。所有新人都被分配到东京都内的三个地点，如锦丝町、中野、虎之门，他们需要找出这三个地点共同拥有的新时代的迹象。在成果汇报会上，他们需要提出符合现实的创意，并得到参会人员的认同。

因为没有先例，所以只能以自由发挥的形式来尝试。在"这样可以吗"的反复苦恼纠结中，不断突破瓶颈。所长S正是为了让新人们在这种仿佛看不到终点的找寻符合现实的创意之旅中有所收获和体会。

创意工作就像渐次变化的颜色，不是非黑即白，也不是在好与坏中做选择，而是由一连串的最佳做法组成。我们的工作就是不断地去思考什么对于客户而言是最好的。

　　找出对客户而言的最佳方案，这就是"符合现实的创意"。

没有"绝对的正确",

亦没有"绝对的错误"。

有的只是对客户而言的最佳方案。

本节的启示或激发的新体悟

THE END

35 消费者是后视镜，什么都不会告诉我们

我曾经总是依赖事后追加的资料做出假设，并试图在此基础上思考。每当这时，领导就会马上指出我的问题：

"不要用那些比较普遍的捕捉事物的方法！"

"消费者只是后视镜！"

了解市场，熟知消费者是好事，我们并不否认这一点。只是接下来势必会面临应该怎么做的问题，我们需要提出具有差异性的、与众不同的创意方案。博报堂很早就提倡"与其说是消费者，不如说是生活者""要更多地站在生活者的角度去思考"。意思是说，不要只是将眼光放在正在消费商品的人身上，而是应该发现更多的个人价值观，这样才能掌握真正的消费动向。

因此，不能只是注重对信息资料的量的分析，而是要注重观察每个人微小的本质上的变化，并从中分析未来趋势。基于这个理念，博报堂于1981年成立了"博报堂生活

综合研究所"，同时创造了世人所熟知的"生活者"一词。可见，早在 30 多年前博报堂就把焦点放在"个人化"的动向上了。

　　博报堂认为，如果每个人都是一个生活者，那么能打动人心的是什么？人们追求的是什么？为什么人们会购买？为什么人们要排队？正是执着于这些细节，他们才会创造出许多打动人心的广告作品。

DATE:

MOOD:

WEATHER:

即使分析消费者资料，

也未必能看出未来的发展趋势。

本节的启示或激发的新体悟

THE END

36 所有策划皆可看到终点

"你想做什么？如何做？终极蓝图是什么？"

"这个企划的终点在何处？"

"理论上不错，试着把它具象化吧，看看展现在眼前的是怎样的世界。"

领导 I 就是这样一个追求终极蓝图的人。让我印象深刻的是他讲述的关于纽约一家商场的故事。

这家商场的理念是"每天都是迪士尼乐园"。这句话非常具有画面感，能让听到的人马上明白对方想打造的是一个什么样的商场，那是一个脱离日常庸扰的世界，一个让人们因期待与感动而心驰神往的地方……同时，对于该如何做才能达到这个目标，我也用自己的方式进行了解读。

对广告人而言，思考便是我们的工作。如果无法在头脑中描绘出完整蓝图，就无法说服团队成员按照自己的想法去操作。描绘蓝图就是与团队成员分享自己的构思及构思最终呈现出的画面，在这幅蓝图中，可以隐约看到即将展开的"故事性"。

　　若只是空有理论，无法描绘成画面，影像就无法动起来，想象就无法展开，也就看不出与人之间的关联。这样便无法与客户进行顺利沟通，自然就说服不了别人。

DATE:

MOOD:

WEATHER:

若拿不出一幅完整的最终蓝图，
是无法说服团队成员的。

本节的启示或激发的新体悟

THE　END

37 好是好，但不喜欢

为了把高层领导的想法传达给员工，我经常拜托领导 S 出席制作部门的会议。他在会议上说了很多乍听起来有些抽象，但事实上却直指核心的话语。

"好是好，但不喜欢。"

"道理没错，但无法打动人。"

"你说的我都懂，但就是没有共鸣。"

S 这样说是想告诉我们，今后的时代，喜恶虽然是极其个人的感受，但也是非常重要的衡量标准，我们在做出与众不同的产品的过程中都会面临如何让人喜欢的问题。

曾有人对我说过，"道理没错，但不有趣""这样做，客户会满意吗？""你说的道理我虽然能理解，但客户内心可不认同"，这些话也正是领导想点醒我的。

总而言之，重要的是该如何站在客户的立场上考虑问题，如何让客户喜欢。所以分析对方心理的洞察力，将会是越来越不可或缺的能力。

　　如今的产品在高性能、高品质上已无太大差异。在这样的背景下，只有从中发现、挖掘出能与人分享的感动，才会让人产生共鸣，才能有市场竞争力。

就算在道理上让人接受，

也无法强迫别人"喜欢"。

本节的启示或激发的新体悟

THE END

38　越是平凡的事，嗅觉越要敏锐

外在光鲜的事物如潮流、当红明星等很容易吸引人，但平凡的事物要想引人注意、打动人心则颇有难度。

"要学会对普通的事物更加敏感。"

"如何让平凡的事物抓住人心？"

很长一段时间，前辈一直这样教导我，后来我也形成了自己奉行不悖的理念：保持对"平凡"事物的关注也能有创意萌生。

所谓独创性，并不是标新立异就好。在看似谁都能想到的事物中，比其他人想得更深刻，也能产生独创性。

让别人注意到之前忽视的，让别人看到以前没看到的，为大家打开这样的一扇门，这也是独创性。

借用德鲁克曾经说过的一句话——这太显而易见了，为什么我就没有想到呢？这便是对创新的最大赞美了。

　　这太显而易见了，为什么我就没有想到呢？日常生活中，有太多的事情我们都不知道问题出在哪里，因此，我们需要培养自己对平凡事物的敏锐嗅觉。

DATE:

MOOD:

WEATHER:

新奇的事物很容易抓人眼球，

平凡的事物要想引人注意、

打动人心则并非易事。

本节的启示或激发的新体悟

THE END

39 工作中的创意, 绝非偶然所得

工作中追求的创意, 当然都是有目的性的。为了达到目的, 一定会有一些必须考虑的事情。比如, 客户的意向、市场状况、时代特征、生活者的喜好、产品本身的状况、广告本身等。为了解决问题而产生的创意, 必须能达成这一切目的。

你在街头偶然想到的一些东西, 是无法作为工作中的有用创意的。我也曾模仿前辈们的语气对广告新人们说过这样的话: "先有整体的构思, 再将局部细节完美地组合在一起, 这才是专业的广告人。因此, 专业的创意, 不是在某一个场合下的偶然所想。专业人士, 不能只掌握事物的某个单一要素, 而要把握整体的架构, 要能在脑中描绘出整体的终极蓝图, 创意才算正式成立。"

比如, 即使只是思考核心理念时一闪而过的灵感, 也必须有前期的各种准备工作做基础。

　　因此，一定要大量收集信息，每天都要找时间将它们进行整合分析。正是有了这样扎实的工作积累，才有灵感乍现的时刻。在灵感产生之前，总是要做好充分准备的。因此，创意绝非偶然产生的，而是智慧经过综合整合后的凝结。

偶然想到的东西，通常派不上用场，
专业的创意，产生于充分的准备之中。

本节的启示或激发的新体悟

THE END

40 不是局部，要从整体进行思考

为什么产品卖得不好？为什么市场份额无法扩大？为什么品牌形象差？这些烦恼与企业整体的问题息息相关，原因也是多种多样的。如果只做局部改善的话是无法解决本质问题的。

某一年，博报堂社长提出了"3000个制作人计划"的目标。问题越复杂，就越需要有统揽全局的视角。因此所有员工一方面必须化身为营销员，一方面还须兼具战略家的能力。

概括来说，就是希望员工除了做好自己的分内工作，还要进一步发展"各有特色"的个性化特征。这就要求营销、制作、人事、法务、媒体公关等各个部门的员工在对待问题时都要抱持积极解决的态度和想法。

所谓制作人的创意，就是有能力描绘自己想要做的事，还能就如何动员、如何配置人手、如何确立促进销售的架

构、如何使商品持续受欢迎、如何让团队顺利运转、如何激发团队的工作热情等问题，提出有效方案，也就是说能够做出一套有战略性的体系。这个体系是全面的，既能够解决眼前的问题，又能兼顾未来发展。

我们一直在致力于让员工成为"各有特色"的人，并不断提高他们的"个性化"水平，从未停下脚步。

DATE：

MOOD：

WEATHER：

只局限在"分内工作"的小框中，

是无法顺利解决问题的。

本节的启示或激发的新体悟

THE END

实践

Action

41 别再多想，如何"具体呈现"才是胜负关键

　　一旦定下了广告策略，就有一种这件事情已经完成百分之七八十的感觉，也就很容易松懈。殊不知，接下来的工作才是一决胜负的关键阶段。前方等待我们的是如何"具体呈现"，即将我们所想、所描绘的愿景，升华为最高品质的现实作品。

　　在作品研讨会①上，领导I曾说过："具体呈现才是胜负关键，外界评价的正是这些落地到具体呈现上的东西，而非经过系统整理的内容。正因为观众是看不到幕后的，所以最终具体呈现的东西才是最重要的。"

　　这让我再次想起他曾说过的另一句话："不要讲大道理，重点是如何具体呈现。"说什么（what）很重要，怎么说

---

　　①　博报堂每个月举办一次作品研讨会，是以提高创作品质为目的的传统表扬制度。

（how）也很重要。这里考验的就是把想法具体化的能力。

一切商业活动都是通过沟通打动人心的。媒体发展得再快，其内在本质却是始终不变的，即语言、视觉、声音等都是常态存在的，而我们所要做的就是使用这些手段来具体呈现。

只有打造出具有魅力的具体形式，才能提高与其他产品的竞争力。如果只是抽象地将脑中的想法原原本本地复制出来，是无法吸引更多人的。

幕后是看不到的，

所以只能靠台前的具体呈现一决胜负。

本节的启示或激发的新体悟

THE END

42 最后一公里，细节拉开差距

在工作中，有时候会遇到毫无章法、活儿做得粗糙的状况，40多年前也曾有过一段广告制作工作做得粗糙随便、不精细的时期。

那时，广告制作强调三个原则——"直奔主题、大胆创作、细致收尾"，这成了制作工作的标准。从这三个原则可以看出，广告工作重视的是：想表达什么？如何表达？呈现出来的是否完美？

自那时起，基于美好的事物是强大的，只有美好的东西才会被留下的强烈信念，我在广告创作工作中养成了"用细节让生活者留下深刻印象"的习惯。

即便最近的广告创作趋势越来越立足于策略性，但一切还是得靠最后的收尾来给人留下深刻印象，这种精神是不会变的。

谁都能想出创意，但要将创意传递给人、打动人心，关键在于整体规划以及最后的收尾。"最后一公里"对于创作者而言，足以拉开决定性的差距，而且获得的评价也因此不同。另外，就算拿出了完美的策略与方案，最后的具体呈现能不能打动人，还要看细节够不够完美。

日本的服务业之所以遥遥领先于欧美国家，就在于日本服务业的"最后一公里"，即将商品交给顾客的那一刻，与他们接触并提供细致的服务。这种通过指尖传递的温暖才是最大的竞争力。

谁都能想出创意，

而能不能打动人心，

关键就在最后的收尾。

本节的启示或激发的新体悟

THE END

43 绝不能愣住！

已经数次出现在本书中的董事 O，是很多广告新人的学习榜样。他具有非常敏锐的临场反应能力，说的每一句话都非常具有生命力。他经常提醒广告新人向客户做提案时的基本礼貌，即绝不能愣住，提案时，无论客户提出什么样的问题都必须立即回答，因为你必须给客户已经思考过且面面俱到的印象，被问得哑口无言绝对是大忌。

确实如此，一旦被问到愣住，不仅暴露了自己的无知，还让对方有了不信任感，他们会觉得，这种水平怎么能做出好的提案呢？

提案内容固然很重要，可也要让客户有只要和这个人合作就会成功，这个人一定会让后续的工作推行得更顺利，以及和这个人合作会对他们提升业绩有所帮助的想法。在这个不设限的时代，客户更看重的是，谁才是最佳合作对象。换言之，客户要求提案，并不单是在寻找广告制作人，而是在寻求一个值得信赖的合作伙伴。

　　为此，提案之前，我们需要搞清楚客户对广告的要求，熟悉客户的公司状况、市场状况以及生活者的需求和信息，掌握时代潮流，同时还要深入挖掘、熟悉客户的周边关系，如此广告提案才能打动人心。

DATE:

MOOD:

WEATHER:

　　如果不能立即回答客户的问题，
你的能力和提案内容都会遭到质疑。

本节的启示或激发的新体悟

THE END

44　不是没有好创意，只是表达不出来

　　博报堂经常在轻井泽举办研修，其中最受欢迎的环节当属晚间的讨论会。晚饭后的自由时间，大家聚集到谈话室，一边喝酒，一边高谈阔论，听前辈们传授经验，兴致高昂时会聊到深夜，就像匠人们除了工作也培育弟子，将自己的手艺传承给下一代一样……这样的氛围，我真是太喜欢了。

　　在某次的谈话中，创意总监 T 对我们说："有时不是没有创意，而是表达不出来，所以我们必须增加词汇量，用语言文字将模糊地存在于脑中的想法变成可以看得见的东西，有时可能需要换一种说法，或多种说法交替呈现，才能清晰传达内容。所以，创意的原点就是语言。"

　　T 继续说道："拿到案子后，将浮现在头脑中的客户要求的重点内容，和语言组织在一起，就成了创意。"

　　就像研修这种交流或杂谈的文化活动，其核心也是语

言。而且，我们希望听到更多有温度的语言不断交织碰撞。语言本身还包含了很多言外之意，它是我们解决所有问题的钥匙。

　　没有语言便没有思考，唯有语言才能打动人心，而语言的交流和传递也创造了新的商机。

DATE:

MOOD:

WEATHER:

要增加词汇量,

才能把脑中模糊的概念

更好地具体呈现出来。

本节的启示或激发的新体悟

THE END

45　不是说服，而是让人信服

给客户做提案是我们的一项重要工作，每个人都想寻求一些高明的提案方法，以及说服客户的技巧。每当这时，一位前辈总是当头棒喝道："根本没有技巧可言！你静下心来想一想，对于客户而言，谁会想听一些理所当然的说辞？谁愿意被巧妙的话语勉强说服？他们总是会有所担心，也不敢完全信任你，随时处于'再看看'的状态。这种情况下，如何让他们信服呢？这靠的不是技巧，而是你有没有让对方欣赏的能力。"

为了便于大家理解，我再稍作补充。我们做提案是为了能够成为客户的合作伙伴，而客户则要看我们的提案是否值得信任，想知道和我们合作是否有助于顺利推进后续工作，以及做提案的人是否值得信赖。

换言之，提案最重要的是策划案中的"自己"。做一份策划书，我们需要多方调查，收集资料、加以整理，然后创作、具体呈现，最终将其组合起来。在这一过程中，就能看出创作者的观点、想法、情感和人格。说得极端一些，就是客户还能从策划书中看出创作者平时都在想些什么，秉持什么样的生活信念。因此，提案的重点就是要让客户产生可以和这个人合作的共鸣。

DATE:

MOOD:

WEATHER:

客户并不是想靠提案被说服，

而是想确定是不是"可以信赖这个人"。

本节的启示或激发的新体悟

THE END

46 你能在电话里阐述提案吗？

虽说客户的状况、背景各不相同，但提案还是越简单越好。以我的经验来看，越是忙碌的客户想知道的事情越简单，我们只需要告诉他们做什么、怎么做这些核心部分就可以了。

一般来说，客户都拥有丰富的实际工作经验，都非常了解市场状况。你说的背景信息越多，他们只会越烦躁，不如尽早说出创意和想法。

为此，阐述提案时还必须具体说明用什么方法做什么事情。说到这里，我想到领导 M 的口头禅："你能在电话里阐述提案吗？"好的提案必须简单扼要，即使在电话里也能阐述明白。创意的核心部分，几句话就足以说清楚了。就是要这么简单。

只有将自己头脑中的想法表达出来，才能让对方理解。这样一来，能够让客户在电话里听懂并在脑海中浮现出具体画面的关键词就不可或缺。

　　我们有一个创意总监，他在阐述提案时通常以简单的结论当开场白："今天的提案内容，一言以蔽之，即……"

　　将重点有条理地整理好，并用一句话简单说明，让客户能够想象出具体画面。其中最基本的就是简单易懂，记住这一点，然后从对方最感兴趣的地方开始进行阐述吧！

不能用一句话表达清楚的策划，

不是好的策划。

本节的启示或激发的新体悟

THE END

47　不要局限于用"爱"表现爱

被同事们称为"共鸣派"的文案高手 N，教会了我"表现"的真正含义和重要性。"不谈爱而让人感受到爱，不谈高级而让人感受到高级，不谈美而让人感受到美，这才是表现力。比如，我们如何在不直白地写明'爱心献血'这几个字的情况下，激发对方的爱心，并化为捐血行动呢？我认为，广告的目的应该在于让人们产生爱这种感情……"

他的话一针见血地指出了广告创作者的存在价值。

我们平常总是费尽心思追求辞藻的修饰，如今回想起来真是惭愧。我之所以刻意说这个，是因为我注意到近来类似标语的文案似乎变多了，如"保护环境""尊重顾客"等，这些根本无法打动人心，也不能改变人们的想法。

"保持整洁""卫生第一"这些类似标语的文案，一旦进了迪士尼乐园大概会变成"让地板保持干净，即使蹒跚学步的孩子舔了也不用担心"。

　　这样的话能让员工产生想将卫生打扫干净的心情，激发他们对干净的自豪感。所以，使用语言的目的不是"说明含义"，而是"打动人心"。

不谈爱而让人感受到爱，

不谈美而让人感受到美，

这才是"表现力"。

本节的启示或激发的新体悟

THE END

48 学会用自己的语言表达

我在制作部门工作到第三年的时候，有一次照着客户的产品手册写文案，被前辈训斥了一顿：

"这种把内容从一个地方抄到另一个地方的文案有什么意义？正确的做法是仔细读完宣传册和相关信息，然后脱离这些，通过自己的亲身感受，用自己的语言来表达！文案撰稿人要葆有新闻记者一般的态度，也要像译者一样，把企业说的话翻译给生活者。"

彼时作为文案撰稿人的我被完全否定了，但前辈教导我的工作态度适用于所有的上班族。我们不是要原封不动地运用信息，而是要在搜集研读的基础上，融会贯通，举一反三，用自己的意志和想法做出判断，再用自己的语言进行阐述，用文字来表达和书写。如果文案写手没有足够的知识储备，文案便无法站在对方立场来简明易懂地阐述，更不会有个人特色。

　　这样一来有人不免会有疑问，简明阐述会不会让人觉得有些肤浅呢？其实肤浅的原因在于内容，内容肤浅时，即使用专业用语来修饰，也无济于事。所谓简明易懂，只有在深刻理解自己想表达的内容之后才能做到。

　　所以，阐述的基本原则就是：使复杂的内容简单化，简单的内容深刻化。

DATE:

MOOD:

WEATHER:

通过自己的亲身感受，

用自己的语言表达，

信息也就内化成了自己的东西。

本节的启示或激发的新体悟

THE END

49 不要用"大家都这么做"当挡箭牌

博报堂有一位领导，绰号为"浮动水雷"。就像这个绰号的字面意思一样，他每天在办公室走来转去，有时候会突然爆发："你怎么又在做这个？不要只因为'大家都这样做，大家都有……'就轻易转向同一个方向！不要用'大家都这么做……'当挡箭牌，不要把这种事情当作理所当然！"

如果对方找借口，他就会更生气，然后拂袖而去。

确实，人总是不由自主地用"大家都这么做……"来获得周围人的共鸣。但是，广告人的工作是以创意为宗旨的。因为迎合"大家都这么做……"而采取行动，只会产生很多相同的东西并展开同质化竞争，结果让大家都疲惫不堪。况且，看到社会上流行什么才跟风行动，只能算是跟着风向跑。

博报堂这位领导想告诉我们的是，引领风向才是广告人应该做的。

　　做创意工作的人，要把目光放在下一步，要不断问自己：从现状出发，我们能看到的未来动向是什么？我们的目标又是什么？怎么做才能让客户满意？有没有什么新颖的方法？

　　凭借预测下一步的思考，做出别人没做过的东西，这才是人们常说的原创。广告人所面对的问题从来不是瞬间就能解决的，策划案的通过只是开始，接着就是帮客户解决问题，加深印象，帮助打造企业品牌形象。

　　若只是搭当下潮流的顺风车，就只能做和别人一样的事，最后也只能原地踏步了。

正因为要迎合"大家都这么做……"
这种想法，社会才产生很多相同的东西
并展开同质化竞争，结果疲惫不堪。

本节的启示或激发的新体悟

THE END

50 仅凭 100 分引发不了什么

在某次公司内部的讨论会上，董事 A 说：

"我们的工作，不是创作出作品，而是要让其产生'效果'，以造成影响，引发震撼，打动人心。无论是产品、企业、社会、经济还是人心，都是要打动它们，同时也要问自己：能给予对方的内心多大的触动？留下多深的印象？我们的工作就是要思考到这种程度。

"一般人都觉得，完全按照客户要求去做没有大的过失或不足，创作出的作品就是 100 分。但是，这样的 100 分并不意味着你完成了工作。在创意的世界里，没有满分。始终会出现新的事物，产生新的变化。我们要考虑的是如何应对各种情况，并进一步预测接下来的发展。所以要一直以 120 分甚至 150 分为目标，并期许自己最后能拿出 300 分甚至 500 分的惊人成果，我希望大家都能如此看待创意工作。"

接着，A 继续说道："不仅要站在对方的立场思考，还要把自己的梦想或想法加入作品中，让自己参与进去。只有这样，你才能做出超乎对方期待的好作品。"

的确，若不能在满分无上限的创造性工作中，加入自己的想法、热情，就不会产生那些惊人的成果。

DATE:

MOOD:

WEATHER:

无法打动人的不能称为创意，

也就不能说完成了工作。

本节的启示或激发的新体悟

THE END

51 这个太媚俗了吧！

当下流行的事物和艺人，都很有魅力。他们都是广告新人们热衷使用的素材，客户满意同时又有话题性，而且在短期的宣传推广上相当有效。

然而，流行是会退却的，很快会被抛弃。人们快速而突然地迷上某种流行，有时是一件很可怕的事。当然，每个时代都有自己的特点，配合时代氛围改变外在包装有时是必需的。但从长远来看，最重要的还是要考虑如何与客户追求的价值观相匹配，如何与品牌形象相结合。

领导 F 非常重视与客户之间的合作关系，常常以是否结合企业品牌形象为标准。他告诫我们："不要迎合别人，不要盲目配合，不要态度卑微。"正因为深知一味迎合时代潮流的潜在危害，他还告诉我们："比起瞬间火起来的东西，更重要的是如何长久接续地为客户解决问题。乍看之下很不错的提案，若不能作为客户的资产长久存在，也是没有意义的。"

对于以成为客户的合作伙伴为目标的广告制作人而言，这种态度与精神不可或缺。商业活动的终极目标是"可持续成长"。简单来说就是要着眼于面，而非点，评价广告公司的标准应该是一切行动是否结合了客户企业的品牌形象。

迎合客户，迎合时代，为了赚钱而媚俗的人，不适合成为合作伙伴。

DATE:

MOOD:

WEATHER:

相比创造昙花一现的流行，
具备打造长销产品的能力才是本事。

本节的启示或激发的新体悟

THE END

52 1% 也是大众

一直以来人们都说，文案撰稿人不是面向所有人写作，而是面向某一些人写下"只给你"的信息。以非特定的大多数人为对象的文案总会让人觉得不够精准，缺乏真实性，因为那不是对"我"发声的。

市场营销上也有类似的方式，即锁定用户，找准 1% 的目标群进行营销。因为如今早已不是广泛撒网就能一网打尽的时代了。

我们这里所说的 1% 营销，着重指的并不是数量，而是与目标用户沟通的质量。深入寻找能理解沟通内容的人，尽量聚集对广告抱持好感的人……重要的是将这些潜在的客户发展成有价值的合作伙伴。在这样的策略下，品质绝对比数量重要。

虽然只有 1%，但以日本当时的情况来说，也有 120 万人，就算只看东京也有 12 万人。只要能切实有效地沟通便可形成了不起的大众传播。尽管只是举例说明，可若是下定决心坚定信念去追求那 1% 的品质，加深与他们的关联，他们便可成为意见领袖，开枝散叶般将效果传播出去。

　　然后通过"和你一起（with you）"的关系推动广告效果，打造高品质的商业宣传。

　　与其担心 1% 的数量太少，不如想办法提高这 1% 的品质。

当今时代我们需要的策略是，
筛选客户，找出有价值的合作伙伴。

本节的启示或激发的新体悟

THE END

53 这是竭尽全力后的结果吗？

    在向客户阐述提案前，办公室的气氛总会有些紧张，领导似乎也感觉到了。虽然已经不负责具体的工作，但或许是作为领导的责任感（其实是喜欢创意工作）使然吧，他找到即将阐述提案的负责人，招手示意他过来并问道："怎么样？还顺利吗？"

    如果听到领导一句类似"加油"的鼓励，就会像被人推了一把般很快鼓起勇气。但若听到"这种程度真的可以吗""你真的尽全力了吗"，便会一下子泄了气。接下来的话不用再说，打击也已经够大的了。

    领导平时的口头禅就是："有没有尽全力呢？"他总是严格要求我们不要为了赶时间而凑合了事或完全按照客户的要求去做。而要不怕费事，要不厌其烦地下功夫去做好，这才是工作。认真严谨的态度是最基本的，还要不断地思考，花再多时间也要到思考出结果为止。如果我们都能深入思考到这种程度，工作才能更具有创造性，再困难的工作也都能完成。

　　创造其实就是和自己的竞争，对手只有自己。"这种水准的作品能提交给客户吗？"若不想从别人口中听到这样的质疑，那就把它当作警醒自己的准则吧！

为了赶时间而凑合着做，
或完全按照客户的要求来做，
就证明你输给了自己。

本节的启示或激发的新体悟

THE END

54　要从上游开始思考！

　　广告创作者抱持着"广告是企业解决问题的一种手段"的想法，已有很长时间了。客户的要求越来越复杂多元，广告公司和客户之间的关系也越来越深厚。由此，广告工作也就增加了难度，但相应地也有趣了很多，这使得创意工作本身也比以前上升了一个高度。

　　我们经常被叮嘱"要多从上游开始思考"，其实最初我们是专注于"下游"的，提倡的是花更多时间在广告创作上，花更多精力研究生活者的需求，花更多心思打磨细节。而近年来则更加关注"上游"，这就要求我们兼顾"上下游"双方。

　　如今这个时代，不能只着眼于眼前，如果你无法分析并看清"上游"，便无法思考如何将想法具体化呈现。我们不能止步于商品为人所知或是畅销，企业管理层的愿景、企业的品牌形象、企业的特点、商品理念、社会性、对于生活者的态度等也是非常重要的。

　　只有看清整体，才能明白眼前所面临的问题，才能更清楚地思考该如何解决。从"上游"到"下游"，先把握整体构思，再把每一个细节打磨到完美。越能把"上游"的状况看清楚，就越能做出具有未来发展性的提案。

不要止步于商品为人所知或是畅销，

要看着企业的"上游"思考。

本节的启示或激发的新体悟

THE END

55　引人注目也是有规矩的

"在这个复杂多变的时代，一定要想办法凸显自己的存在感。"一旦有了这样的想法，就会不由自主地把迎合对方放在最优先的位置。这里所说的对方，可能是指客户、市场，也可能是生活者……

因为想要获得好评与掌声，就会忍不住迎合大众，殊不知已经犯了一个错误，即将"引人注目"当成了自己"有所表现"。事实上这种行为只是向对方乱投瓶罐，除了能引起一瞬间的注意外，剩下的只有不愉快的感觉。

和我同期进入公司的S，曾对广告新人们这样说："想要受欢迎没错，但也要有底线，不能为了讨好对方而贬低自己，就算想引人注目也要有规矩，要有所节制。"

S还做了这样的解释，追求潮流或是用当红明星做宣传，是有局限性和风险的。有时候迎合大众反而会缩短商品的寿命；最流行的商品此时已是最高点，接下来可能就会走下坡路了；所谓有冲击力的效果，必须给对方带来积极情绪才有用……

　　重要的不是迎合对方，投其所好，我们的目标应该是让企业形象或商品形象深入人心，并成为一个长久被大家喜爱的品牌。

DATE:

MOOD:

WEATHER:

不要将引人注目或迎合大众放在首位，
有时这样做反而会缩短商品的寿命。

本节的启示或激发的新体悟

THE END

56 无法看出你想传达的信息

从过去到现在，"创意"一词一直被广泛使用，它是想象力的核心，也一直是广告人思考中不可或缺的存在，如表现的创意、销售的创意等。

同事间最严厉的评价也是针对创意的，如：从这个创意里看不出想传递的信息，看不出这份策划要传达的信息，等等。

所谓"看不出想传递的信息"，指的是在提案中没有新思想、新着眼点、新发现。提案中是否蕴含着强烈的想法，传递的信息是否能真正打动人心、让人产生共鸣，这一点总是会受到严格的审视。因为如果你表达的信息没有价值，那么再怎么传播也无法引人关注。

比如，"环保"可以说是一个代表时代的关键词，但是在商业社会中，它充其量只是个主题，其中没有包含强烈的自我主张和想法（"保护环境"无法成为企业的独特主张）。如何将独特的信息融入这个主题，需要的是各种独创性，其中包括企业的生存之道。

再比如说，狮王旗下以香皂起家的品牌"植物物语"，它就是从强大的提案中发展出商品的关键信息，并以此为基础，贯彻了"我选择这样保护环境"的企业理念。

如今，诸如此类的具有创意性的信息和对信息的实践，让人倍加期待。

DATE:

MOOD:

WEATHER:

若创意中没有新思想、新发现，

没有自我主张和自我意志，

就无法打动人心。

本节的启示或激发的新体悟

THE END

57　人心一失，不会再来

在这个物质过剩的时代，稍出一点问题，便会失去人心。"又不是非这个商品不可……"已是人之常情，是的，替代品数不胜数。

同样的道理也适用于我们的工作中，集团领导 K 曾对员工说道："不能掉以轻心，也不能为了赶时间凑合了事。这个社会能取代你的人数不胜数。人心一失，不会再来。"因此，包括商品、策划、具体呈现等，所有的一切都要有这样的服务精神。请不断扪心自问：这个策划能满足客户的需求吗？能获得客户的信任吗？希望大家都葆有这种仔细确认每一个细节的拼劲儿。

只追求"不错"是不够的，至少要追求"出类拔萃""遥遥领先""截然不同"，否则无法体现出与竞争对手的差异。

可反过来看，一时受欢迎仍无法持续长久地赢得人心。

你就算能一鸣惊人，可新鲜劲儿一过也就不行了。

　　现在已经不是觉得"有意思"就会"购买"的时代了。若想成功地卖出商品，企业整体也需要讨喜才行。只有具备了真心投入交易的服务精神，对方才会认可你，并觉得没有你是不行的。

DATE:

MOOD:

WEATHER:

这个社会能取代你的人数不胜数，
只要稍有偷工减料，就会失去人心。

本节的启示或激发的新体悟

THE END

58 专家就是无可替代

我的上司曾经说过："所谓专家，就是做别人做不到的事。在只能跳出一米的新手面前，能轻易跳出两米给他们看。像这种做出只有自己才能做到的事的人，就是专家，没有人可以取代。"

他又补充说："做别人做不到的事，收别人不敢收的费用。让对方觉得，虽然要支付高额费用，但也心甘情愿，这，就是专家。"

上司所要求的专家，不只是将广告具体呈现出来的专家，还要是广告行业的专家。我在综合研究所任职的时候，博报堂的客户有2000～2500家，遍及各个领域、各个行业。它们都有各自的特点、风格和文化，当然也有各自不同的问题、苦恼和目的。我们要站在每个客户的角度提供符合他们需求的方案，这并非易事。

因此，每一个员工，能否站在生活者的角度构想，并在此基础上发挥创意，能否成为更值得客户信赖的合作伙伴，就成了非常重要的事，这就要求他一定要配合不同客户的需求，找出不同的问题，提供量身定制的服务，做个有自我特色的创意人。如此才能成为对客户而言"不可替代的人"。作为广告专家，我们还必须非常重视客户对于合作内容的评价。

DATE:

MOOD:

WEATHER:

何为专家？就是让对方觉得，

虽然要支付高额费用，但也心甘情愿。

本节的启示或激发的新体悟

THE END

59 成为最先被选中的人

产品卖得不好，是有多重因素的。总的说来，最难办的就是这些因素错综复杂地交织在一起。

现在已经从纵向的分门别类的专业分工时代进入需要用综合性服务解决问题的时代。如今的商业活动中，专业界限越来越模糊，而我们的工作就是解决这些单一专业无法解决的问题。

从客户的角度来看，面对这些跨界的横向问题，谁能解决？谁又能掀起新的波澜？这些都是判断的重点。对客户而言，最后选择的合作伙伴一定是那些真正为他们着想的、能将业务推进得最顺利的广告公司。

在刚提出"成为 Grand Design Partner"这一理念时，博报堂内部交织着这样一些声音："要成为最先被客户选中的人。""要成为第一个被客户寻求商谈的对象。"这意味着我们要努力成为跨专业的复合型人才。营销本就讲求横向联结的功能。以此为基础，把握全局、进行假设，为客户提供综合性策略，进而深挖客户需求，从新的切入点推进问题解决的人，才是客户需要的广告人才。

　　若非如此，就不会成为最先被客户选中的人，也不会成为客户第一个想要商谈的对象，更不可能获得他们的信赖，成为他们的合作伙伴。

DATE:

MOOD:

WEATHER:

做一个跨专业的复合型人才，

否则就无法把握整体，

找到新的切入点进而解决问题。

本节的启示或激发的新体悟

THE END

60　这样做能够超乎对方的期待吗？

　　这是 20 多年前的事了，当时我参加了公司内部的一个项目，得以了解到一些客户的实际情况。听 15 位营销总监分享了大约 100 个重要客户期待博报堂能为他们做的事。

　　我们由此知道了客户对我们的要求是什么，对什么不满，今后还有哪些期待……客户期待的不是局限于"点"的服务，而是关系到公司整体的"面"的综合型服务。

　　若用医疗来比喻，即客户追求的不是专科，而是综合医疗，不过综合医疗还是需要以扎实的各个专科为基础。广告行业亦是如此，现在的广告公司需要在专业性的基础上提供面向整体的综合型服务。

　　企业品牌的打造、商品开发、商品和经营形式的更新、促销活动、社会贡献、内部交流、各个营销战略等，要同时解决这些问题，需要提出综合性解决方案。

　　"思考、实践、坚持"——客户期待的是能与社会大众和生活者建立长期持续的关系。

　　当时我的想法是：我们这样做就超乎客户的期待了吗？虽然某种程度上已经超越了当初的目标，但我们还是要尽快提升兼顾整体的构思力。

DATE:

MOOD:

WEATHER:

只是符合期待是不够的，
要超越期待才能赢得客户的信赖。

本节的启示或激发的新体悟

THE　END

图书在版编目（CIP）数据

最创意：博报堂新人培训课 /（日）高桥宣行 著；魏薇 译 . — 北京：东方出版社，
2020.6

ISBN 978-7-5207-1266-8

Ⅰ.①最… Ⅱ.①高…②魏… Ⅲ.①企业管理—职工培训—经验—日本

Ⅳ.① F279.313.3

中国版本图书馆 CIP 数据核字（2019）第 256005 号

「人真似は、自分の否定だ」 クリエイターの６０訓
「Hitomane w a Jibun no Hiteida」 Creator no 60 Kun
Copyright © 2014 by Nobuyuki Takahashi

Original Japanese edition published by Discover 21, Inc., Tokyo, Japan
Simplified Chinese edition published by arrangement with Discover 21, Inc. through Hanhe International(HK) Co.,Ltd.

中文简体字版专有权属东方出版社
著作权合同登记号 图字：01-2019-6696 号

最创意：博报堂新人培训课

（ ZUICHUANGYI: BOBAOTANG XINREN PEIXUNKE ）

作　　者：[日] 高桥宣行
译　　者：魏　薇
责任编辑：江丹丹　叶　银
出　　版：东方出版社
发　　行：人民东方出版传媒有限公司
地　　址：北京市朝阳区西坝河北里 51 号
邮　　编：100028
印　　刷：北京汇瑞嘉合文化发展有限公司
版　　次：2020 年 6 月第 1 版
印　　次：2020 年 6 月第 1 次印刷
开　　本：880 毫米 ×1230 毫米　1/32
印　　张：8.25
字　　数：60 千字
书　　号：ISBN 978-7-5207-1266-8
定　　价：65.00 元
发行电话：（010）85924663　85924644　85924641